Je Suis Unique!
le guide du parent

Jennifer D. Vassel

Je Suis Unique! le guide du parent
Par Jennifer D. Vassel

Copyright © 2017 Jennifer D. Vassel

Ce document peut être imprimé et utilisé pour un usage personnel uniquement. Mis à part cela, aucune partie de cette publication ne peut être reproduite, stockée ou transmise sous quelque forme ou par quelque moyen que ce soit, électronique, mécanique, photocopie, enregistrement, numérisation ou autre, sauf autorisation préalable écrite de l'auteure tel que permis par les articles 107 ou 108 des Loi sur les droits d'auteurs des États-Unis. Les demandes d'autorisation à l'auteure et à l'éditeur doivent être envoyées à l'adresse e-mail suivante: permissions@jennifervassel.com.

Limitation de responsabilité/exclusion de garantie: Bien que l'éditeur et l'auteure aient fait de leur mieux pour rédiger ce guide, ils n'offrent aucune représentation ou garantie quant à l'exactitude ou à l'exhaustivité du contenu du document et rejettent expressément toute garantie implicite de qualité marchande ou aptitude à un usage particulier. Aucune garantie ne peut être créée ou prolongée par les représentants des ventes, les promoteurs ou les documents de vente écrits.

Les conseils et stratégies contenus dans ce document peuvent ne pas convenir à votre situation. Vous devriez consulter un professionnel en la matière. Ni l'éditeur ni l'auteure ne peuvent être tenus responsables de tout manque à gagner ou de tout autre dommage commercial, y compris, mais sans s'y limiter, des dommages spéciaux, accessoires, consécutifs ou autres.

BuddingRose Publications

Design de la couverture par Jennifer D. Vassel
Design intérieur par Jennifer D. Vassel
Imprimé aux Etats Unis d'Amérique

ISBN-10: 0-9915556-9-4
ISBN-13: 978-0-9915556-9-7

Tables des matières

Sommaire	1
Avant la lecture	2
Pendant la lecture	3
Après la lecture	4
Lectures complémentaires	6
Remerciements	7
A propos de l'auteure	8

Sommaire

« Je Suis Unique! » est une histoire sur l'amour de soi et le partage de ses dons uniques avec son entourage. Erin, le personnage principal, a une tache de naissance et une passion pour la comédie. Elle veut auditionnner pour le premier rôle dans la pièce de son école, mais quand sa meilleure amie demande si elle conviendra au rôle à cause de sa tache de naissance, elle doit décider si elle va laisser un « défaut » visible faire obstacle à son rêve.

Avant la lecture

*Les activités **avant la lecture** sont conçues pour activer les connaissances antérieures de votre enfant sur les concepts du livre et de définir un but à sa lecture. L'objectif est que votre enfant se sente plus intéressé(e) par le livre et désireux(-se) de le lire.*

- Revoyez avec votre enfant le concept d'une pièce de théâtre, en vous assurant qu'il/elle connaisse les termes suivants: auditions, répétitions, scénario, lignes et acteurs/actrices. Si vous avez joué dans une pièce de théâtre de l'école, assurez-vous de partager votre expérience avec lui/elle.

- Présentez le livre en montrant à votre enfant la couverture. Encouragez-le/la à partager ses questions en se basant sur sa première impression de la couverture du livre. Demandez-lui s'il/elle a une idée du sujet du livre. Demandez à votre enfant s'il y a quelque chose qu'il/elle remarque sur la couverture. IL/elle peut remarquer la tache de naissance d'Erin. Dans ce cas, vous pouvez expliquer ce qu'est une tache de naissance, si il/elle ne sait pas ce que c'est.

- Demandez à votre enfant quelles impressions on peut ressentir quand on essaye d'avoir un rôle dans une pièce pour la toute première fois.

- Prenez le temps de sélectionner quelques-uns des mots de l'histoire (liste ci-dessous) pour les revoir avec votre enfant. Ecrivez ces mots sur une fiche avec la définition au dos. Utilisez le mot dans une phrase pour vous assurer que votre enfant en comprend le sens.

Mots de vocabulaire: *unique, grand sourire, s'affaler, cacher, agité, admiration, occuper la scène, en chœur*

Pendant la lecture

Pendant la lecture, les activités ont pour but de vérifier que votre enfant comprend bien l'histoire, de maintenir son intérêt, et de l'amener à réfléchir au-delà du livre.

Questions à poser

- Qu'est-ce qui a provoqué le changement de sentiments d'Erin à propos des auditions?
- Comment Erin essaie-t-elle de résoudre son problème tout au long de l'histoire?
- Que ferais-tu si tu étais à la place d'Erin?
- Qu'est ce qu'Erin a appris dans cette histoire?
- Ce livre t'a-t-il rappelé quelque chose que tu as déjà vécu, ou un livre que tu as déjà lu?

Pour les lecteurs indépendants

Donnez à votre enfant des post-it ou un cahier. Encouragez-le à s'arrêter toutes les deux-trois pages pour écrire ses pensées, ses questions, ce qu'il/elle ne comprend pas bien, ce qu'il/elle qu'il va arriver et/ou un résumé de ce qu'il/elle a lu jusqu'à présent.

Après la lecture

*Les activités **après la lecture** sont conçues pour permettre à votre enfant de parler de ce qu'il/elle a lu, d'exprimer ce qu'il/elle a compris et d'approfondir sa réflexion au sujet de l'histoire.*

Questions à poser

- Comment Erin se sent-elle à la fin de l'histoire?
- Donne deux adjectifs que tu pourrais utiliser pour décrire Erin? Explique pourquoi tu as choisi ces mots.
- Quelles sont les personnes que tu connais et qui partagent des qualités semblables à celles d'Erin?
- Selon toi, quelle est la leçon de cette histoire? Comment peux-tu appliquer cette leçon dans ta propre vie?
- Dis-moi ce qui s'est passé dans l'histoire du début à la fin.

Activités supplémentaires

- Demandez à votre enfant d'écrire une histoire sur ce qui va se passer ensuite pour Erin. Demandez-lui de penser si elle va continuer à faire du théâtre ou si elle aura un nouvel objectif. Invitez-le/la à utiliser son imagination et à être créatif(ve).

- Demandez à votre enfant de dessiner ce qu'il/elle aime le plus chez lui/elle. Cela peut être quelque chose de physique comme son sourire ou un trait de caractère. Soyez créatif!

- Demandez à votre enfant de penser à la façon dont Erin s'est fixée comme objectif de jouer le rôle principal dans la pièce. Demandez-lui de réfléchir à ses propres objectifs et rêves. Donnez à votre enfant de vieux magazines à regarder, et incitez-le/la à découper les images qui correspondent à ses objectifs ou à ses rêves. Utilisez-les pour en faire un tableau à afficher.

- Permettez à votre enfant de créer une pièce basée sur le livre. Assurez-vous d'inclure les mêmes personnages et le même cadre que le livre ! N'hésitez pas à changer le sujet pour quelque chose qui lui est unique.

- Demandez à votre enfant de dessiner sa propre illustration pour le livre ou de redessiner son illustration préférée de l'histoire.

- Demandez-lui de trouver une citation inspirante pour ce livre. Si vous avez un compte sur un ou des réseaux sociaux, autorisez votre enfant à utiliser le programme gratuit canva.com pour créer un post avec cette citation et le partager sur les réseaux sociaux. Assurez-vous de taguer @IAmUniqueBook afin que nous puissions le voir!

Lectures complémentaires

Vous cherchez des livres avec des thèmes similaires? Voici une liste:

- **Moi je m'aime** de Karen Beaumont
- **Je suis Marilou** de Melon de Patty Lovell
- **Mayi Siréna** de Christèle Karmen Dandjoa

Remerciements

Merci d'avoir acheté « Je Suis Unique! » le guide du parent, pour votre (vos) enfant(s). Restez connecté avec nous sur Facebook, Instagram, Twitter et Pinterest @IAmUniqueBook. Rejoignez la conversation en utilisant notre hashtag #IAmUniqueBook. Vous pouvez également nous trouver sur notre site internet www.iamuniquebook.com.

A propos de l'auteure

Le sentiment d'insécurité de Jennifer Vassel pendant son enfance à cause de sa tache de naissance a été l'inspiration de l'histoire "Je Suis Unique!" Dix années de lutte ont été mises à profit pour l'autonomie des filles à travers le monde. Jennifer est jamaïcaine-américaine, et l'auteure à succès de son premier livre *My Channeled Energy*, une collection de poèmes et de courtes histoires écrites pour les 6-26 ans. Elle est passionnée par le fait d'inspirer les autres à puiser dans leurs dons naturels et à vivre une vie d'à-propos et d'intention. Jennifer a une Licence de Loyola Marymount University et une Maîtrise de Azusa Pacific University. Elle réside actuellement en Californie du Sud, où elle continue à poursuivre sa carrière d'écrivaine et d'entrepreneure.

Notes

www.ingramcontent.com/pod-product-compliance
Lightning Source LLC
Chambersburg PA
CBHW071458070426
42452CB00040B/1885